諷詩調詩集 · 496

풍간시초 · 12

박진환 제548시집

지성.감성의 메타언어
조선문학사시인선.1009

諷詩調詩集・496

풍간시초(諷諫詩抄)・12

조선문학사

■ 책머리에

600권의 시집에 가 닿고 싶다

　이번 풍시조시집은 『풍간시초(諷諫詩抄)』란 타이틀로 『책선시초(責善詩抄)』 이후에 쓴 풍시조 2,800편을 100편씩 28권의 시집에 나누어 묶었다.

　타이틀 풍간(諷諫)이란 말은 '살며시 나무라는 뜻을 붙이어 비유로 남을 깨우친다'는 말이다. 바꾸어 풀이하면 잘못을 비유로써 깨우친다 함이니 시로써 징벌하는, 문화적으론 선에 이바지함쯤이 된다. 풍시조 식으로는 악에 감행하는 시의 복수도 되고, 복수의 시가 되기도 한다. 그리고 악에 감행한 문화적 징벌이니 선에 이바지하는 개선(改善)의 의도쯤이 된다.

　시대・세태・현실에서 자행되고 있는 부조리・비리・악행과 같은 시대적 병리를 비유로써 일깨워줌으로써 선을 일으켜 세우려는 문화적 행위쯤이 된다.

풍시조가 악의 교정을 통한, 악을 징벌함으로써 선을 일으켜 세우고자 하는 선에의 봉사라는 점에서 '순수한 통징'의 감행이라고도 할 수 있다.
　나름의 풍시조 시에 대한 신념에 충실하고자 하고 앞으로 중단됨이 없이 더 써서 600권의 시집에 가 닿고 싶다.

2025년 仲秋

저자

박진환 제548시집 / 諷詩調詩集 · 496
풍간시초 · 12

차례

책머리에_600권의 시집에 가 닿고 싶다 / 5

2025년 7월 10일
오! BRICS!!! / 13
조변석개(朝變夕改) 불가해서 / 14
술꾀대여서 / 15
수고하셨어 / 16
대어도 들어있을 듯 / 17
조기 엮음이어서지 / 18
실언 되기까지 / 19
말아갈지 / 20
이리 효험 클 줄이야 / 21
깨달을 듯 / 22
일깨워줘서 / 23
암덩이 안 될지 / 24
명품이었고 / 25
별도 달아야 / 26
홍수였던 것을 / 27
명언 되고 / 28

되고 / 29
부창부수 / 30
그걸 모를 트럼프가 아니지 / 31
재앙 같아서 / 32
한탄조 되기도 하고 / 33
발걸음 같아서 / 34
우리는 새로운 신을 찾고 있다 / 35
그러할 듯 / 36
한국식 아닐지? / 37

2025년 7월 11일
술꼬대에서 깨어나길 / 38
창궐할밖에 / 39
어림없어 / 40
부족했던 게야 / 41
모른가 싶데 / 42
주어진 곳이어서 / 43
최악만 / 44
실언만 따라 하다니 / 45
알아야 / 46
외쳐볼 수 있을지 / 47
기로에 / 48
걸림돌 없어 좋겠네 / 49
씻어낼 수 있을지 / 50

'걸어가' 될 수도, 풀이를 잘해야 / 51
술꼬대에서 깨어났으면 / 52
어게인만 덥겠네 / 53
「자화상」 시구 떠올라서 / 54

2025년 7월 12일
성구 믿지 않지만 / 55
힘자랑 / 56
가수왕 시대여서 / 57
이전투구 판 / 58
행복이어서 / 59
감사한다 / 60
감사할 줄 알아야 / 61
어게인 / 62
노랑말 시대여서 / 63
씨가 말라버린 것 같아서 / 64
복이 오나니 / 65
인위지복 되는 것을 / 66
꼴 사나와서 / 67
중심 지녀야 주어지는 / 68
상피서일 듯 / 69

2025년 7월 13일
'아무 일도…' / 70

강제구인되면? / 71
매달릴 듯 / 72
? / 73
인자(忍者)만이 깨닫는 / 74
덕으로도 같아서 / 75
그늘이 없어서 / 76
뽑히고 흔들려서 / 77
빛을 잃었음이다 / 78
카오스가 아니던가 / 79
정신 상실 / 80
다르지 않아서 / 81
물신시대(物神時代) / 82
죽음을 재촉하는 / 83
어느 쪽에 서 있는가? / 84
열독 창궐한 열옥 / 85

2025년 7월 14일
더 큰 듯싶어서 / 86
정치적 수술칼 들이대야 할 듯 / 87
수술 안 될 듯 / 88
재재재앙 될 줄이야 / 89
시력 말씀이 아니셔 / 90
안 당김만 못해서 / 91
이열치열관 달라서 / 92

새겨볼만 / 93
열옥의 언어였다 / 94
광고 거쳐야 뉴스 나오는데 / 95
돼야 하다니 / 96
빚만 진 사업도 / 97
관세 민주주의도 있어서 / 98
속이라도 덜 시끄러워서 / 99
광고 잡소리 / 100

2025년 7월 15일
법꾸라지 꼬라지 / 101
길수 아닌 흉수 / 102
리박, 극우 복음으로 전하다 / 103
면할 길은 없어서 / 104
역효과도 / 105
체면용이어 / 106
왕이지 / 107
달라 / 108
정식 호칭 정해져서 / 109
그게 우리들 모습인 것을 / 110
투도성구여서 / 111
집 대접받은 셈이지 / 112

- **시집 평설을 대신해서_諷詩調에 대한 사계의 견해**
  三行詩의 안팎_문덕수 / 113
  知的調律에 의한 시 意味의 密度와 結品度_성찬경 / 122
  諷詩調의 깃발과 風向_김용직 / 128
  박진환의 3행 '諷詩調'에 대하여_최원규 / 131
  풍시조 읽기_문효치 / 136
  諷詩調에 나타난 형이상시법의 수사법_최규철 / 140

2025년 7월 10일

오! BRICS!!!

미 상호관세 25% '3주 시간 벌었다데'만, 3주에 역사가 바뀌겠나, 트럼프가 정상 회복하겠나, 이변이 없는 한 25%에 묶여 끌려갈 판, 오! BRICS!!!

조변석개(朝變夕改) 불가해서

트럼프 두고 의회나 법원을 무시하고 국정 독주를 이어가는 트럼프 치하 했던데, 읽히기에 따라 독주(獨走)가 독주(毒酒)될 수도 있을 듯, 술꼬대 아니고서는 조변석개 불가해서

술꼬대여서

역시 미국은 발 빠른 나라, 어느 틈새에 코리아의 술꼬대
훔쳐 갔는지 날 샜다 하면 조변석개(朝變夕改)가
명정(酩酊) 술꼬대여서

수고하셨어

윤석열 재구속, 말이 씨 된다더니 허사 아니었어
법원 주변에서 이 열옥 더위에도 '윤석열 어게인' 외친
함성, 어게인이 다시 한번 아니던가, 재구속 외쳤으니 수고하셨어

대어도 들어있을 듯

윤석열 재구속으로 특검, 일방 수사완 달리
윤석열 정점으로 수사 하향지향 일망타진
법망 투망질에 대어 전 총리·장관·장군 대어도 들어있을 듯

조기 엮음이어서지

부창부수 부러워했더니 김건희 보니 부럽기는커녕
안됐다 싶데, 줄소환에 줄구속 가능성 점쳐져서
법성포가 달리 머리에 법자 얹었겠나, 조기 엮음이어서지

실언 되기까지

윤석열 구속으로 내란·김건희·채상병 특검 풀가동
세상 뒤집힐 판, 개벽차원, 상전벽해라 했던가, 명언
"아무 일도 없었다", "아무 일도 일어나지 않았다" 실언 되기까지

말아갈지

더위먹어 헛소리하고, 잠 설치다 잠꼬대하고, 사나운 꿈자리 꿈꼬대하고, 소주병에 술꼬대에 열옥에 열꼬대까지 창궐한 꼬대병, 언제 삽상한 바람 일어 말아갈지?

이리 효험 클 줄이야

법원 주변 윤석열 지지자들 재구속 되자 침묵
잠꼬대·꿈꼬대·술꼬대·열꼬대 등 헛소리 입 봉하게 하는
명처방이 구속이었던 것을, 어게인 효험 이리 클 줄이야

깨달을 듯

현직 대통령, 첫구속, 재구속 처음 있는 일, 이리
초유의 일들 연속극 차원의 되풀이인데 '아무 일도
일어나지 않았다', 복당에 들었으니 헛소리 깨달을 듯

일깨워줘서

옛분들 말씀에 '모난 돌이 정을 잘 맞는다' 했지, 명언 허사 아님을 일깨워준 어게인 부대 고맙소, 그리고 수고허시었소, 명언과 함께 '아무 일도 없다'는 실언도 일깨워줘서

암덩이 안 될지

윤석열 구속 두고 국힘 '구속 타당한지 의문'이라고
아직도 잠꼬대, 옳은 판단도 의문, 잘한 일도 의문
의문이 의혹으로 커져 도려내야 할 암덩이 안 될지

명품이었고

대통령실에서 → 사저 → 사저에서 → 복당, →표가 화살인 줄 알았더니 화살에 '사필귀정' 글귀가 새겨져 있었어, 명중률도 동이(東夷) 후예답게 명품이었고

별도 달아야

채상병 건, 군인답게 꺾임 없이 의연하게 당당하게
정의 편에 선 박정훈 대령 무죄 확정, 남은 것은
별 달지 않아도 이미 Star, 기왕이면 별도 달아야

홍수였던 것을

윤석열 석방된지 124일 만에 재구속, 재수 없으면
뒤로 자빠져도 코피 터지듯, 자유시간 124일
합산했더니 1+2+4=7, 럭키세븐이 홍수였던 것을

명언 되고

말이란 게 듣기에 따라, 해석하기에 따라 명언이 허언 되기도
허언이 명언 되기도, 뿐인가 명정(酩酊)도 취중진담이 되고
술꼬대도 돼서 '윤석열 어게인'이 재구속 촉구로 들려서 명언 되고

되고

'아무 일도 없었다'던 허언 '어게인' 부대엔 명언이었다가
재수감 되자 허언 되고, 어게인 재구속으로
허언 차원 아닌 실언, 헛소리 되고

부창부수

윤석열 3평 복당, 에어컨 없고, 선풍기도 돌았다 그쳤다
고개 가로저었다, 도리질치다, 수감자 흉내하고
이리 궁합이 좋을 수가, 더 좋은 궁합도 있는데, 뭐냐고? 부창부수

그걸 모를 트럼프가 아니지

트럼프, 한·미 정상회담 희망하는 한국에 '방위비' 끼워넣기
국익이라면 동맹도, 혈맹도, 이웃도 아웃, 아웃에 밀려나면 열외
따로 줄설 곳이 없는 처지로 매달릴밖에, 그걸 모를 트럼프가 아니지

재앙 같아서

전 세계가 펄펄 끓는 열독, 천당·연옥·지옥, 삼계에 없는 옥 하나 더 열옥(熱獄)이 추가됐어, 기후 때문이라고? 글쎄요 기후란 게 인간에 의해 달라져서, 열옥의 소이 인간이 자초한 재앙 같아서

한탄조 되기도 하고

이 열욕 더위에 법원앞에 모인 어게인부대, 열혈 지지층 같기도 하고 할 일 없어 콧바람이라도 쐬러 나온 것 같기도 하고, 또 다른 이유 있는 것 같기도 하고, 하고 하고 하고가 하이고, 한탄조 되기도 하고

발걸음 같아서

국무회의 참석 배제된 방통위 이진숙 위원장, 대통령과 충돌
소신파야? 배짱파야? 막가파야? 무지파야? 찍히느니
아아아에 ????, ????이 물러설 때 머뭇대는 발걸음 같아서

우리는 새로운 신을 찾고 있다

트럼프 방위비 압박, '한국식 안보'로 가는 길 전기 삼길 했데 '한국식 안보?' 니체의 '신은 죽었다' 떠올리게 하데, 신은 어디에도 없다, 나는 이를 알리러 왔다, 우리는 새로운 신을 찾고 있다

그러할 듯

1. 신은 어디에고 없다, 맞고요, 2. 이를 알리러 왔다도 맞고요
3. 새로운 신을 찾고 있다는 그 신이 따로 존재함이 아닌 인간 자신
곧 신에 의탁하지 않는 인간 자신, '한국식 안보'도 그러할 듯

한국식 아닐지?

한국을 위한, 한국을 위해, 한국을 지키기 위한 신은 따로 존재치 않아; 한국 자체가 한국의 운명과 싸워야 하는 주체여야; 남의 힘에 의탁하지 않는 것이 한국식 아닐지?

2025년 7월 11일

술꼬대에서 깨어나길

윤석열 오기·심술·어깃장 치유할 수 있는 절호의 기회 복당살이
하나님의 선물로 알고 참회의 시간 됐으면, 그보다 먼저
'아무 일도 없었고, 일어나지 않았다'는 술꼬대에서 깨어나길

창궐할밖에

리박스쿨, 뉴라이트, 늘봄학교, 윤석열 대통령실이 극우의 산실
산실이 그러하니 까놓은 게 극우알밖에 더 있었겠나
부화해선 안 될 것을 생산했으니 극우조류병 창궐할밖에

어림없어

윤석열 수용번호 3617 풀이해 보니 1.3.6 짓고 7끗 럭키세븐인데
럭키세븐이 행운의 숫자면 복당살이 하겠나, 한국의
길수(吉數)는 따로 있어서, 삼세판의 3, 어게인 둘로는 어림없어

부족했던 게야

특검으로 뜬 윤석열 특검에 의해 추락했다데
뜰 줄만 알고 떨어질 줄 모르면 그래, 낙법이란 것도
뜰 때 익혀둬야, 그런 지혜가 부족했던 게야

모른가 싶데

김건희·채상병 특검도 핵심 피의자 윤석열 체포로 수사
수월해졌다데, 걸림돌 제거하면 평탄해지기 마련인 길
국힘은 그런 평범한 진리 아닌 상식도 모른가 싶데

주어진 곳이어서

윤석열 수감 공간 에어컨도 없는 2평 남짓 독방신세 했던데
시원하고 편하면 딴생각하게 돼, 북당이란 게, 편히 쉬라고
주어진 공간이 아니라 잘못 뉘우쳐 새사람 되라고 주어진 곳이어서

최악만

이 대통령, 남북평화·공존이 가장 실용적 선택, 새겨볼만
상호존중, 공존 이끌어낸다면 최고, 최선, 최행, 이리
가까운 길 놔두고 먼 외곽만 돌았으니 최악만

실언만 따라 하다니

리박스쿨 대표 손효숙, "뭐가 문제 있었냐"
"아무 일도 없었고, 아무 일도 일어나지 않았다"는 술꼬대와
다르지 않을 듯, 그 많은 명언 두고 실언만 따라 하다니

알아야

주한미군 감축론, 미 정책반영설, 설설 피어오르던데
방귀가 잦으면 똥싼다 했던 우리말, 허사였으면
싸면 구린내 풍겨야, 풍겨 우리 똥내 맡을 줄도 알아야

외쳐볼 수 있을지

트럼프, 브라질에 관세 50% 부과하자 내정간섭이라며
룰라, "브라질은 독립주권국가"라고 일갈, 남의 일 같지가
않아서, '독립주권국가'란 향수, 코리아는 언제나 외쳐볼 수 있을지

기로에

푸틴, 트럼프 압박에 콧방귀 했던데, 그도 그럴 것이
러가 원하는 건 휴전이 아니라 우크라의 완전한 항복이어서
트럼프 변덕에 경계 울타리친 우크라도 진퇴양난의 기로에

걸림돌 없어 좋겠네

영과 프랑스, 믿을 수 없는 트럼프 대신 '유럽에 핵우산 씌운다'데
조령모개, 왔다 갔다, 저리 변덕이 심하니 믿고 따를 순들 있겠나
EU를 비롯한 동맹들도 하나둘 발길 멀리하면 걸림돌 없어 좋겠네

씻어낼 수 있을지

순해지는 소주 했던데, 순해지면 더 마시기 마련
지금도 술꼬대 못 면해 헛소리에 시달리는데 순해져
음주량 더 늘리면 그놈의 술꼬대 어찌 씻어낼 수 있을지

'걸어가' 될 수도, 풀이를 잘해야

이재명표 실용주의의 외교와 도전들 했데, 그중에
'이념·동맹에만 한국 명운 못 걸어'란 경구 들어있데
iPien tao 지양하면 '못 걸어'가 '걸어가' 될 수도, 풀이를 잘해야

술꼬대에서 깨어났으면

채상병 사건의 주역 박정훈 대령, 해병대 수사단장으로
복귀했데, 이래도 '아무 일도 없었는가? '아무 일도
일어나지 않았는가?' 허사 술꼬대에서 깨어났으면

어게인만 덥겠네

서초동 법원 주변, '윤석열 어게인'으로 펄펄 끓더니
윤석열 재구속이 구속 어게인 아니던가, 어게인 이루어졌으니
돌아들 가셔, 가서 땀 좀 식히셔, 에어컨 없다니 어게인만 덥겠네

「자화상」 시구 떠올라서

　　　　국가 채무 1200조 돌파했데, 분배하면 국민 1인당
얼마쯤이 될까? 빚쟁이는 노예신세라던데, '애비는 종이었다/밤이
　　깊어도 돌아오지 않았다', 미당의 「자화상」 시구 떠올라서

2025년 7월 12일

성구 믿지 않지만

트럼프, 관세 서한, 한 자 한 자가 핵 지닌 듯, 언제 폭파할지는 미지수, 폭탄 보냈으니 폭탄으로 돌아올밖에, 부메랑이 안 그렇던가 칼은 칼로, 힘은 힘에 의해 망한다, 성구 믿지 않지만

힘자랑

힘으로 흔들어놓고, 힘으로 정지시켜놓고, 힘으로 때리기
힘자랑이 트럼프의 관세 패권 놀음 같아서, 재미있게
즐기셔, 힘없으면 하고 싶어도 할 수 없는 힘자랑

가수왕 시대여서

관세 폭탄이 어떻건, 윤석열 구속이 어떻건, 열옥의 열독이 어떻건, 열사병이 어떻건 아랑곳없이 '소리 질러'로 악을 쓰고 즐기는 노래마당 콘서트, 세상은 가수왕 시대여서

이전투구 판

덥고 덥다, 덥다 못해 데쳐진다, 파죽음에
더위 먹고 나자빠진 열사에 희생된 죽음까지
와중에 살겠다고 외치는 왕왕 킹킹, 내지르는 이전투구 판

행복이어서

무엇이 삶이고 삶의 목적은 무엇이고, 목적 있단들
이루어지기나 하던가, 냉커피 한잔으로 달래보는
열옥의 열독, 커피 한잔의 행복이 열옥의 행복이어서

감사한다

법에 의해 구속, 법에 의해 파면, 법에 의해 재구속
칼은 칼로 망한다, 이치대로라면 법은 법으로 망한다
그 법의 한 수를 일깨워준 구속 어게인에 감사한다

감사할 줄 알아야

한가지 유감은 구속 당사자는 '어게인'을 구원의 외침으로 알았단 점
스스로에게 닥쳐온 비극 재수감이 어게인이었던 것을, 그리
될 줄 어찌 알았겠는가, 늦게라도 깨닫고 감사할 줄 알아야

어게인

헌데 감사는커녕, 특검 출석요구 거부한 걸 보면
다시 도진 오기·버티기·어깃장 두고 어게인 했던 것을
어게인을 헛소리 술꼬대라 했더니, 아니었어 명언이었어, 어게인

노랑말 시대여서

말이란 게 잘해야만 호변객이던가, 말 풀이를 잘해야
공자의 인(仁)도, 유식한 척 in으로 풀면 헛소리 돼
달리 인(忍)으로 풀면 인위지덕 덕도 되고, 문제는 노랑말 시대여서

씨가 말라버린 것 같아서

노랑말 달인 따로 있어, 한 손엔 관세 폭탄, 또 한 손엔
핵버튼 쥔 패권 1인자, 이랬다저랬다 말 바꾸기 도사
해선가, 눈 씻고 봐도 덕이라곤 씨가 말라버린 것 같아서

복이 오나니

안 그래도 열독 창궐한 열옥(熱獄)시대, 열 올리면
더위먹기 마련, 인위지덕(忍爲之德) 벗하면 삽상한 바람의
가을 안 오겠나; 참는 자에게 '복이 있나니'가 아닌 '복이 오나니'

인위지복 되는 것을

혹서의 기간을 옛분들 초복·중복·말복으로 나누어 삼복이라 했지
조심할 것이 열독에 감염되면 열옥살이 못 면해서, 인위지덕
인위지복(忍爲之伏)으로 알고 살면 인위지복(忍爲之福) 되는 것을

꼴 사나와서

세상살이란 게 순리 좇아 순종하고 살면 순탄할 것을, 오기에 몽니에 버티기에 어깃장으로 대들고 살면 고달파, 숨죽이고 사는 것도 떳떳지 못하지만, 큰소리로 사는 것도 꼴 사나와서

중심 지녀야 주어지는

불가근불가원이면 멀리도 가까이도 말고 그 중간이란 뜻이니 중용아니던가, 헌데 중용이란것이 원·근의 중간대가 아닌 원·근을 넘어섰을 때 주어지는 중간대여서, 그나마 중심 지녀야 주어지는

상피서일 듯

강가나 산중 찾아 피서 즐길 처지는 사치, 한 손엔 부채, 또 한 손엔 냉수사발, '가마귀싸우는 골에 백로야 가지마라/성난 가마귀 흰 빛을 새오나니 청강에조이씻은몸 더럽힐까하노라' 읊어벗하면상피서일듯

2025년 7월 13일

'아무 일도…'

'아무 일도 없었다고요?', '아무 일도 일어나지 않았다고요?' ??에 답해드리지요, 너무너무 많은 일이 일어났지요, '윤석열 어게인' 풀이대로 재수감됐고, 국힘 풍비박산 눈앞인데, 그래도 '아무 일도…'

강제구인되면?

특검 출석요구에 '건강상 이유로 불참사유서' 제출, 불참했던데 정작 교도소 측에선 '건강에 이상무'라고 했대요, 허긴 거 아픈 속 아픔을 어찌 알겠소만, 그 구실 앞세웠다가 강제구인되면?

매달릴 듯

?이 보기에 따라선 수갑같이 보여서, 시력 때문만은 아닐 듯
그 수모 앞에 하고도 '아무 일도 없었다'만 되풀이면, ? 하나
더 생겨 온몸에 비늘처럼 ?이 주렁주렁 매달릴 듯

? ? ? ? ? ? ? ? ? ? ? ? ? ? ? ? ? ?
? 아무 일도 없었고, 아무 일도 일어나지 않았다?
? ? ? ? ? ? ? ? ? ? ? ? ? ? ?

인자(忍者)만이 깨닫는

인위지덕(忍爲之德), 참는 자에게 복이 있느니라, 전자는 동양적 후자는 서구적, 다른 것은 덕과 복, 헌데 동·서양이 따로따로가 아니듯 복과덕도 따로따로가 아닌것을, 다만 인자(忍者)만이 깨닫는

덕으로도 같아서

인자(仁者)와 인자(忍者), 서로 다르면서 같음은
인(仁)과 인(忍)을 덕목으로 동일시했을 때 하나가 돼
같음이 됨이니 인(仁)과 인(忍)이 소릿값만이 아닌 덕으로도 같아서

그늘이 없어서

국힘, 무너져가는 울타리 바로 세우기 위해서는 썩은 목익(木杙)
뽑아내야, 헌데 박아놓은 말뚝에 뿌리가 생겨서 쉽지 않을 듯
악목불음이라 했던가, 악목불음은 그늘이 없어서

※ 악목불음(惡木不蔭) : 나무도 쓸모없는 것은 그늘도 없다 함이니, 그늘
 지니지 못하면 찾는 이도 없어 스스로 고사하고 만다는 비유.

뽑히고 흔들려서

옛분들 모든 것을 덕으로 풀이했던 소이, 덕을 근본으로 본 소이다, 마음의 근본, 정신의 근본, 모든 본체의 근원을 뿌리로 봄 아니던가, 헌데 세상 변해 뿌리가 썩기 아니면 뽑히고 흔들려서

빛을 잃었음이다

어둠의 근원은 빛, 빛은 생성·풍요, 창조의 근원이 아니던가, 빛이 곧 덕이니 이는 빛이 곧 복이 됨과 같은 이치다, 모양이 바른데 그림자가 비틀어질 수 있겠는가 했던데, 비틀어진 그림자는 빛을 잃었음이다

카오스가 아니던가

빛을 잃고 사는 시대면 덕을 잃었음이며 덕을 잃었음은 근본 없이 살았음이 된다, 이치는 근본을 잃었음이요, 소이로 어둠을 살아감이 된다, 어둠은 악이고 절망이며 카오스가 아니던가

정신 상실

카오스면 유식하게 예괴악붕이 아니던가, 예의와 음악이 파괴됐다 함이니 세상의 어지러움을 일컬음이다, 어지러운 세상이면 혼돈, 혼돈이면 가치관의 상실, 도덕의 상실, 심지어 정신 상실

다르지 않아서

정신적 혼미, 뭘 탓하겠는가, 시대가 물신시대 아니던가, 정신덕목 정신적 가치 상실하고 산지 이미 오래, 오직 물질만이 신, 물신 숭배가 물질을 신으로 신앙함 아니던가, 관세 폭탄도 다르지 않아서

물신시대(物神時代)

시쳇말로 '돈 싫어한 놈 없다'고 한다, 놈만이던가 년도 마찬가지
소이인즉 이미 물질적 가치에 밀려 정신적 가치가 퇴화해버린
물신시대의 신앙 때문 아니던가, 황금이 곧 신인 시대 물신시대

죽음을 재촉하는

맑스의 유물사관은 정신문화에 사망선고를 한 정신은 죽었다였다
살아있는 정신도 있는가, 프로이트의 진단, 정신은 치유할 수 없는
병에 신음하고 있다, 정신병의 시대, 황금신앙이 죽음을 재촉하는

어느 쪽에 서 있는가?

물질적으로 향유된 화려한 삶은 처절하게 죽어가는
정신적 죽음, 삶과 죽음의 양극화, 상반의 균형을
상실한 일방적 삶이거나 죽음, 당신은 어느 쪽에 서 있는가?

열독 창궐한 열옥

삶과 죽음의 카오스, 세상은 관세 폭탄의 화염에 싸이고
단테의 삼계(三界)는 고전, 지금은 열옥(熱獄)시대
지옥과 연옥은 저리 가라, 천당은 허구, 현실은 열독 창궐한 열옥

2025년 7월 14일

더 큰 듯싶어서

남녘 울주 대곡리 반구천의 암각화와 북녘 금강산이 나란히 세계유산으로 등재됐다. 오랜 청사와 천연경관을 자랑하는 한반도의 자랑 아니던가. 문제는 남북 분단의 자랑 아닌 부끄러움이 더 큰 듯싶어서

정치적 수술칼 들이대야 할 듯

의대생들 전원복귀, 의료정상화 기대, 낭보는 낭보네만 잘 될지?
워낙 크게 망가져서, 의료진·전공의만으로는 치유불가일 듯싶어서
허면? 도규 아닌 정치적 수술칼 들이대야 할 듯

수술 안 될 듯

국힘, 인적 쇄신 자중지란에, 국민 외면으로 지지율 하락에
전광훈 패거리까지면 쇄신으로 당 살려낼까? 글쎄?
찍히느니 ?? 살을 도려내는 아픔 했던데, 도려내기론 수술 안 될 듯

재재재앙 될 줄이야

윤석열 특검 소환에 불응으로 어깃장, 버티기·오기 도졌다고도 도졌다면 재발 아니던가? 유식하게 어게인(again), 재구속 버티기 재발 등의, 손에 든 팻말 again 흔들수록 재재재앙 될 줄이야

시력 말씀이 아니셔

국힘, '특검 압수수색을 정치보복'으로 규정, 규탄이던데, 국민의 눈높이와는 커도 너무 큰 차이를 드러낸 듯, 국민의 눈엔 진실규명으로 보이는데 국힘 눈엔 정치보복? 시력 말씀이 아니셔

안 당김만 못해서

장관 인사청문회, 국힘 절호의 기회 삼아 역공 펼친 듯, 헌데
잘못 몰아붙였다간 되레 역공 당할 수도, 한방이 필요한데
파괴력 없는 산탄(散彈)은 방아쇠 안 당김만 못해서

이열치열관 달라서

'국민의 슬픔과 싸우지 않는 나라' 했길래, 어느 나라 했더니
남의 나라가 아니었어, 슬픔이 있어야 싸우지, 슬픔 불승분노 된지
이미 오래, 중노난범이라 했던가, 분노는 이열치열관 달라서

※ 불승분노(不勝忿怒) : 분노를 참지 못함.
※ 중노난범(衆怒難犯) : 뭇사람이 노하는 데는 함부로 이에 당해내기
어렵다는 말.

새겨볼만

'정부 광고가 보도 거래의 수단일 수는 없다' 했던데
틀린 말 아니오나 그것이 부정할 수 없는 현실이어서
광고는 신문에서 신뢰할 수 있는 유일의 진실이란 말 새겨볼만

열옥의 언어였다

요즘 특검이 연속극보다 흥미로워 뉴스 채널 돌렸더니 와! 질렸다
뉴스 10분에 광고가 30분, 땡볕더위에 귀가 따가워 열옥(熱獄)이
돼버렸다, 광고는 지옥보다 더한 열옥의 언어였다

광고 거쳐야 뉴스 나오는데

'광고는 비천한 사람에게 커다란 효과를 제공한다' 했던가 국민을 뭘로 보았기에 그리 시끄럽다 못해 따갑고, 따갑다 못해 분노하게 하는 걸까? 안 들으면 된다고? 광고 거쳐야 뉴스 나오는데

돼야 하다니

'광고는 비천한 사람에게'를 '비천한 나라에게'로 광고 문구를
고쳐야 할 판, 그리 역겹고, 짜증나고, 헛소리가 심해서야, 한마디
알 권리 귀동냥하기 위해 비천한 나라 비천한 사람이 돼야 하다니

빚만 진 사업도

광고 없이 사업하는 것은 어둠 속에서 처녀에게 윙크한 것과 같다
사업뿐이겠는가, 정치도, 사랑도, 시도 광고 없이는 어둠 속
윙크인걸, 광고가 빛이란 뜻, 헌데 빛 찾으려다 빚만 진 사업도

관세 민주주의도 있어서

이재명 대통령 '민주주의가 밥 먹여준다는 걸 증명해야' 운운
밥 먹기 위해 죽과 싸워 온 것이 민주주의, 헌데 민주주의
입감 삼아 물 먹여주는 관세 민주주의도 있어서

속이라도 덜 시끄러워서

오늘부터 인사청문회, 야는 '송곳검증'에 여는 '낙마는 없다'
송곳으로 말 죽인다는 말 못 들어봐서, 들어볼 수 있을는지?
헛소리일지? 듣긴 뭘 들어, 안 들어야 속이라도 덜 시끄러워서

광고 잡소리

땡볕 더위에 따갑다 못해 불 먹은 더위 먹고 지껄이는 헛소리에
청문회 며칠이 삼계(三界)에도 없는 열옥계(熱獄界) 안 될지
듣자니 더럽고, 안 듣자니 궁금하고, 더 더러운 건 광고 잡소리

2025년 7월 15일

법꾸라지 꼬라지

윤석열 특검 2차 소환에도 불응 두고, '버티기' 했던데
버티기가 법에 충실한 것일까? 법대로 하는 걸까?
법을 악용하는 걸까? 정답은 법꾸라지 꼬라지

길수 아닌 흉수

수인번호 3617 지어땡으로 풀이하면 136 짓고 일곱끝, 럭키
세븐이네, 서구식으론 행운의 숫자 길수인데, 앞에 내세우지 못하고
등에 했으니 거꾸로란 뜻, 거꾸로면 길수 아닌 흉수

리박, 극우 복음으로 전하나

리박스쿨, 전광훈과도 연계맥락 잇대이고 있는 듯
잇대이면 어째, 신도 자격이면 아름답지, 문제는
하느님 말씀 복음으로 전하냐? 리박 극우 사상으로 전하나

면할 길은 없어서

'폭염 누구에게 더 잔인한가' 했던데, 정답 있을까?
가진 자에게 폭염은 더 시원한 환경을 마련해 주고 못 가진 자에겐
열독 열옥으로 더위 먹게 해서, 답은 있는데 면할 길은 없어서

역효과도

야당 송곳 질문으로 청문회 값하겠다더니, 정작 손에 들린 것은
'손팻말' 말로 해도 안 먹히는 청문회, 팻말이 먹히겠나
'윤석열 어게인' 팻말이 재구속으로 둔갑하듯 역효과도

체면용이어

'버티는 윤석열' 했던데, 유리했던 증언 뒤집혀 분리 초래인데
듣고 싶겠나, 이래도 저래도 못 면할 유죄면 버티기라도 해야
풀리는 직성, 알고 보면 버티기가 배짱 아닌 체면용이어

왕이지

청문회 팻말 '갑질왕 강선우' 했던데, 내란 수괴에
비하면 왕도 아녀, 진짜 왕은 한 손엔 칼, 한 손에
도끼 들었던 도치부치 대통령이 왕이지

달라

러시아는 드론으로 우크라 때리던데 코리아는 드론 사 압색
외환 자충수 캐내려나, 어떤 드론은 전승 낭보인데
어떤 드론은 외환 죄수 홍보여서, 쓰임새에 따라 달라

정식 호칭 정해져서

구치소 창살에 비친 얼굴, 어디서 많이 보던 분 같다 했더니
그분이었어, 누구냐고
더 기다려 봐야 정식 호칭 정해져서

그게 우리들 모습인 것을

'돈은 천사의 얼굴로 오는 마귀' 했데, 틀린 말 아닐 듯
천사와 악마의 양면성을 지닌 게 돈이어서, 잘 쓰면
천사, 잘못 쓰면 악마가 되는 두 얼굴, 그게 우리들 모습인 것을

투도성구여서

트럼프 강펀치 맞은 EU 했던데, 요즘 세상에
맞고 사는 놈도 있던가, 오른 뺨 맞으면 왼 뺨 내놓으라고
성구(聖句)의 옳으신 말씀, 요즘 세상엔 칼은 칼로가 투도성구여서

※ 투도성구(投刀成具) : 칼만 던져도 그림이 된다 함이니 그림에 도가 튼 사람은 붓만 던져도 그림이 된다는 투필성구(投筆成具)에 빗대어본 일종의 조어.

집 대접받은 셈이지

'올 서울주택거래, 10건 중 7건은 APT' 했던데
집 하면 APT지, 납작코 된 지 오래인 재래식 단독주택도
집 대접받던가, 10건 중 3건이면 집 대접받은 셈이지

■ 시집 평설을 대신해서_諷詩調에 대한 사계의 견해

三行詩의 안팎

문덕수(전 예술원 회원)

1.

박진환의 三行詩Ⅷ『諷詩調』를 읽고 느낀 바가 많지만 다 말할 수는 없을 것 같다. '諷時調'라고 하지 않고 '諷詩調'라고 한 것은 '시조(時調)'와는 다른 장르임을 말하는 것이 분명하고, '풍조시(諷調詩)'가 아니라 '풍시조(諷詩調)'라고 한 것은 이와 유사한 다른 장르명의 어순을 따를 필요가 없음을 암시한 것 같다. 어쨌든 '풍시조(諷詩調)'는 다른 누구의 것도 아닌, 바로 박진환의 장르다. 그가 풍시조의 시조요, 창업자다.

'풍시조(諷詩調)'의 '풍(諷)'은 '풍자(諷刺, satire)'일까. '풍유(諷喩, allegory)'일까(諷諫, 기자(譏刺)라는 말도 있다). 풍(諷)은 '言+風(음)'으로 된 글자인데, 떨리는 소리로 낭독하는 것을 풍송(諷誦)이라고 하고, 바람이 나뭇가지나 이파리를 흔들듯이 사람의 마음을 움직이는 것을 '풍(諷)'이라고 한다. '풍자'는 후자에 해당한다. 그러나 이러니저러니 따질 필요는 없다. '시작품' 자체가 시론이기 때문이다. '풍시조'의 정체는 박진환의 작품에 있다고 하겠다.

> 달콤한 오수 깨며 띠리링 울리는 벨소리 속 목소리
> 　　기막힌 부동산 정보 전해 드리려고요
> 너나 기막히세요, 난 귀 열고 매미소리나 벗하리니
> 　　　　　　　　　　　　　　　　—「귀 열고」

　IT매체들(휴대전화 등)을 통해 부동산 중개업자(복덕방)의 이러한 극성스러운 메시지는 시민들이 역겹도록 경험하고 있는 현실이다. 시도 때도 없는 각종 정보 발신에 시민들이 무방비 속에 시달리는 것은 정보공해라고 할 수 있다. 이 시는 요즘의 이러한 부동산 시장의 상황과 정보공해가 전제되어 있고, 이러한 상황을 어느 정도 공유하고 있는 독자에게만 공감이 절실할 것이다. 풍자건 유머건 간에, 독자의 다양한 지적 교양이 전제된다는 점에서 지성적 활동이라고 할 수 있다(박진환을 '주지시'의 계열의 중요시인으로 보는 것도 이 때문이다).

　2.
　왜 3행시일까. 20행, 30행의 장시나 산문시면 안 되는가. 초·중·종장과 같은 3행이지만, 시조의 율조와는 관계가 없다. 종장 '3·5·4·4'와 같은 율조도 지킬 필요가 없다. 음보와도 관계없다. 시조의 3행과 같다는 말도 사실상 난센스다. 그럼에도 3행시로 한 뭔가의 이유가 있지 않을까. 앞에 든「귀열고」에서 여러 가지 장치를 전지(剪枝)하고 3단논법의 뼈대만 추려 본다.

> 남을 괴롭히는 전화는 받기 싫다(대전제)
> 요즘의 부동산 정보전화도 사람만 괴롭힌다(소전제)
> 그러므로 내게 그런 전화하지 말라(결론)

이와 같은 논리소('화소'라는 말이 있지만 '논리소'라고 해둔다)로 환원시켜 놓고 보면, 「귀열고」는 3단논법의 시상 전개임을 어느 정도는 이해할 수 있다. 상황 제시(대전제, 제1행), 권유나 권고(소전제, 제2행), 거절(결론, 제3행)로 된 3단형이나 구문면에서는 문답형이다. 3단 논법이란 2개 이상의 전제를 제시하고, 거기서 결론을 도출하는 추론형식이다. 2개든 3개든 2행으로 전제를 제시하거나 열거하고, 논리 진행의 반전, 좌절, 총합 등으로 결론을 도출하게 되면 '3단형'이 되지 않을 수 없다. 또 구문상의 '문답형'으로 본다고 하더라도 물음과 답이 각각 1행씩 합해서 2행이 되고, 물음과 대답을 성립하기 위한 전제적 상황 제시가 1행을 차지하면, 이 또한 3행 형식을 취하게 된다.

> 돈 많은 세상에 돈 없이 배고파하는 꼴이나
> 물난리에 물이 없어 목말라 하는 꼴이나
> 사람 중에 사람 없어 정치공황 부황든 꼴이나
> ─「꼴이나 꼴이나」

「꼴이나 꼴이나」도 3단형이긴 하나 논리의 극적 국면(반전, 좌절 등)이 약한, 즉 편평(扁平)한 3단형이다. 더 정확하게 말하면 전제만 3행으로 열거되고 결론이 없는(결론은 독자의 몫으로 남겼다.) 일종의 '나열형'이다. 틀(뼈대)을 추려보면 "풍족 속의 굶주림은 꼴불견이다(제1행), 홍수 속의 갈증은 꼴불견이다(제2행), 인재 귀한 정치 공황은 꼴불견이다(제3행)"의 3단형인데, 대전제·소전제·결론 형이 아니라 단지 전제의 3행 나열에 지나지 않고, 이러한 나열을 총합한 결론은 독자에게 맡겨져 있다. 구문상으로는 '꼴이냐가 각행의 끝말로 반복(세 번 반복)되는데 귀납형의 방식이라고 할 수 있다. 대전제를 먼저 제시하는 3단 논법형과는 다르다고 하겠다. 3단형이라고 하더라도 여러 가지 성질의 형식이 있으므로, 여기서는 변죽만 건드려본 정도로 그치겠다.

3.

다음엔 실제 작품을 조금 음미해 본다.「귀열고」는「夏夜」와 더불어 박진환의 풍시조 중에서 가장 재미있는 작품인 것 같다. 전형적인 작품이라고 해도 괜찮다.

'기막히다'의 활용형(기막힌, 기막히세요)은 문답의 '고리' 역할을 한다. 부동산중개업자와 시적 주체도 연결시켜준다. 그런데, 대답 부분(제3행)의 '기막히세요'라는 '고리'에는 '기막히다(어떤 일이 하도 어이없거나 엄청나서 질릴 정도이다와 같은 부정적 성질의 의미와, 어떻다고 말할 수 없을 만큼 좋거나 정도가 높다와 같은 긍정적 성질의 의미가 공존한다)와 '귀(耳) 막히다' 등의 의미가 공재해 있고, '귀 막히다'는 뜻의 말은 짐짓 잘못 알아들은 것으로 되어 있다. 이 풍시조의 재미는 '기막히세요'라는 고리에 내재된 다채로운 뉘앙스의 삼중 겹침에 있는 것 같다. 여기에 "너나 기막히세요"라는 독백 형식의 대답에는 "너나 잘하세요"(영화 「친절한 금자씨」의 주인공이 한 말)도 연상되고, 더 지적으로 민감한 독자라면 "사또님 말씀이야 다 우습지"나 "사돈네 남의 말 한다"와 같은 속담도 연상하게 될 것이다. 또 2인칭 대명사 '너'와 높임말인 '기막히세요'는 존대법상 일치하지 않는다. 이러한 문법적 불일치도 미적·풍자적 효과에 한몫 더한다. 말하자면 독자의 지적 수준에 따라 그 웃음과 재미가 증감된다. 아마 이러한 시적 장치의 전부를 담아 뭉뚱그리기에 적합한 가장 간결한 형태가 3행시가 아닐까도 생각된다.

> F킬라를 뿌리듯 이발사가 내 머리에 스프레이를 분무한다
> 내 머리를 모기나 파리 대가리쯤으로 아는 모양이다
> 하긴 싹싹 손 비비고 남의 피나 핥았으니 그럴 법도 하지
> ― 「이발소」에서

전제가 되는 부분의 열거를 1행, 2행에 배당하고, 그 전제를 근거로 제3행에서 결론을 도출한 3단형이다. "이발사가 내 머리에 스프레이를 뿌린다(제1행), 나를 모기나 파리로 간주하는 것 같다(제2행), 아첨하고 착취했으니 이발사의 행위는 당연하다(제3행)"는 것이 이 풍조시의 뼈대다. 추린 논리소다. 그러나 이 논리 속에는 의도적 곡해(曲解)와 사회를 향한 우회적 공격이 숨어 있다. 논리 속에 숨은 이 장치의 이해가,

이 풍시조 수용의 전제가 된다.

특히, "싹싹 손 비비고 남의 피나 핥았으니"에서, 1인칭(모기나 파리의 1인칭)인 '나'의 비하(卑下)를 통해서 파리나 모기와 다를 바 없는 자신이 바로 사회의 무고한 사람들에 대한 침입자나 가해자였음을 폭로한다. 자기가 바로 풍자의 칼날에 희생되어야 할 대상이며, 자신의 비하가 공격과 비판을 위한 칼날 갈기의 전제라는 아이러니를 본다. 일종의 도회(韜晦)의 비늘이라고 할까. 새디즘과 매저키즘은 동전의 양면이라는 심리분석도 이 경우에 해당될지?.

夏! 정말 덥다, 夜! 시원하다
夏夜보다 더 신나고 시원한 것 없을까
없긴 왜 없어, 下野란 말 있잖아
―「夏夜」 전문

「夏夜」는 문답형 중의 자문자답형이다. 독백형 자문자답이다. 두 개의 전제에서 의외의 결론을 끌어낸 3단 형태라고도 할 수 있다. 제1행의 대전제가 그다음의 소전제와 결론인 대답을 가능하게 해준다. 어쨌든 '夏夜'라는 펀(pun)과 더불어 박진환식 풍자와 해학의 가장 돋보이는 전형적인 시다. '夏夜'에 내포된 골계미와 풍자성을 분석해 보자.

'하야'라는 시니피앙에는 1)계절로서의 夏夜, 2)'하! 야'라는 반응의 감탄사, 3)하야(下野)라는 시니피에가 겹쳐 있다. 반복하면 시니피앙의 한 덩어리 속의 세 시니피에가 꼬리를 물고

꼬여 메비우스의 띠처럼 회오리친다. 특히 '하야(夏夜·下野)'라는 말이 지닌 풍자성이 시 전체(1행, 2행, 3행)에 삼투되어 방사(放射)한다. 웃음 속에 감추어진 칼날을 보는 것 같아 섬찟하다.

4.
끝으로 풍시조 1편과 외국의 우화 1편을 비교해 볼까 한다. 대상은 둘 다 '중동(中東)'이다.

> 열사의 불 먹고 사는 탓에 제 버릇 못 버려 즐기는 불장난
> 석유까지 불을 뿜어대니 연일 불바다지
> 얼음을 먹어야 식히는데 中東엔 仲冬이 없으니
> ―「仲冬이 없으니·1」

이것은 일종의 '펀'이다. 「夏夜」에 비하면 펀의 구조도 퍽 단순한 편이다. 페르시아만(아라비아만)의 해변에 '개구리' 한 마리가 햇볕을 쬐고 있는데, '전갈(scorpion)'이 와서 바다 건너 저쪽 언덕까지 등에 태워 건너달라고 부탁한다('전갈은 몸속 독낭에 못 모양의 독침이 들어 있는 동물이다).

"싫어. 넌 전갈 아냐. 날 찔러 죽이려고"
"바보 같은 소리" 내가 찌르면 너도 죽지만 나도 익사하지 않는가. 잠시 생각한 끝에 개구리가 말한다.
"그렇군. 그럼 내 등에 올라타"

전갈을 등에 태운 개구리가 아라비아 바다를 건너기 시작한다. 바다 복판쯤에 왔을 때, 전갈은 갑자기 독침을 꺼내어 개구리를 찔러 버렸다.

"왜 이래?"

전갈이 대답했다. "여긴 중동(中東)이야."

유머지만, 이것은 '우화'의 형식을 취하고 있다(박진환도 '우화' 쪽으로 발전할지도 모른다). '개구리'는 아라비아만으로 관광 온 유럽인인지도 모른다. 그러나 이 조크에 등장하는 '전갈'과 '개구리'의 본의(本義)가 각각 유럽과 중동 중에서 어느 쪽인가에 따라 작품 전체의 이야기가 달라지고, 공격의 대상도 반대가 된다. 그러면 박진환의 풍시조의 공격 대상은 누구인가. 중동만이라고 할 수 없다. 여기서 해학이건 풍자건 그 속에 감춘 예리한 '날'의 현동화(現動化)가 실은 얼마나 어렵고 미묘한 것인가를 시사한다. 특히 「전갈과 개구리」의 경우, 그 균형(balance) 잡기의 어려움을 실감하게 된다.

나는 오늘의 한국시의 지형도를 그려본 적이 있다. 1)전통과 서정(전통적 서정시), 2)메시지와 관념(관념시, 생태시), 3)이미지와 물리성(언어 이미지시), 4)탈관념의 실험(탈관념시), 5)주지적 처리(주지시) 등이 그것이다. 한국시의 동서남북이라고도 할 수 있다. 우리 시단의 특색 있는 시의 중요한 작품들은 일단 이 지형도로 배열, 배치할 수 있다. 우리 시의 현황이다.

나는 박진환의 최근작(3행의 풍시조)을 주목하면서 '주지시'

의 장르로 보았다. 지금도 나는 이러한 자리매김을 후회하지 않는다. 김춘수는 박진환의 풍시조에 대하여 『하여지향(何如之鄕)』을 쓴 송욱의 '전철'을 밟고 있다고 했지만, 나는 송욱과 '같은 계열'이라고 보지, '전철'이라고는 생각하지 않는다. '풍자의 노끈'으로 송욱과 박진환을 칭칭 묶어 버리는 것도 가능하나, '풍자가 있는 '주지(主知)의 토포스' 속에 자리한 박진환의 거처가 지닌 의미의 진폭을 이해할 필요가 있을 것 같다. 풍자, 해학, 펀, 아이러니, 비꼼, 조롱 등은 '주지시'의 자원이긴 하나 이것만이 전부는 아니다. 이러한 주지시는 송욱, 김현승, 김광섭 등을 거쳐 김기림(金起林)의 장시 『기상도(氣象圖)』(1936)에 이른다는 사실을 이해한다면, 주지의 여러 가지 자원이 뭣인가를 짐작할 수 있다. 『기상도』가 지닌 주지적 풍부함의 목록을 일일이 확인할 필요가 없을까.

　이야기를 많이 에둘렀다. 다시 「仲冬이 없으니·1」과 「전갈과 개구리」이야기가 지닌 한 가지 토픽도 주지(主知)가 지닌 여러 가지 목록 중의 하나다. 지성은 억제와 조절에 바탕을 둔 '균형'을 강조한다. 형이상적 존재의 인식, 그 인식이 지닌 초월성의 자기화(自己化)에 의한 시선의 확보, 그 중의 풍자적 시선이 공격 대상을 선정하는 일에 도리없이 참여하는 '균형'은 특히 중요하다. 저울대의 무게와 추가 형평을 이룰 때 '풍자'는 더욱 빛날 것이다.

■ 시집 평설을 대신해서_諷詩調에 대한 사계의 견해

知的調律에 의한 시 意味의 密度와 結晶度
− 『諷詩調』의 창간에 부쳐

성찬경(전 예술원 회원)

문예지 『풍시조(諷詩調)』가 창간되었다. 때는 2008년 초여름이고, 앞으로 계간지로 계속 발간될 것이라는 예고다.

문예지라고 했지만, 문예지치고는 매우 특수한 성격을 지니는 문예다. 우선에 소설은 배제된 시 전문지이지만, 넓은 범위의 시 일반을 싣는 것이 아니라 '풍시조(諷詩調)'란 새로운 시적 유형과 범주에 속하는 시만을 모아서 엮는 시지이니, 이를테면 시단 안에서도 특수 전문지의 성격을 갖는다. 흔히 취미 오락 등을 다룬 잡지에 낚시니 등산이니 바둑 등을 전문으로 다루는 잡지를 보게 되는데, 『諷詩調』는 시 안에서도 독특한 장르만을 대상으로 하는 일종의 전문 시지(詩誌)인 셈이며, 우리나라 시사(詩史)와 시단의 현황이 어언 여기에까지 이르렀는가 하는 감회를 갖게 된다.

여기에서 좀 더 차분히 『諷詩調』의 출현을 지금까지 키워온 그 뿌리와 수맥을 살펴볼 필요가 있다. 말할 것도 없이 이

『諷詩讚』의 근본이 되는 자양적 모태는 박진환 시인이 약 30년에 걸쳐서 전개해온 넓은 의미에서의 지성시(知性詩) 운동이다. 박진환 시인은 이러한 지성시의 구체적인 전개방법으로서 '형이상학시'의 기치(旗幟) 아래, 이른바 변용의 시를 추구해온 것은 세상이 다 아는 바다.
　변용의 시도 실은 그 개념의 범주가 좁다 할 수는 없다. 더 구체적으로 말하면 시에서의 위트, 컨시트, 또는 펀과 같은 기법을 활용하여 시의 정서적 구조를 지적 구조로 바꾸고, 그럼으로써 시를 의미의 밀도에서 좀 더 경질(硬質)의 것이 되게 하려는 시적 추구를 말한다. 그리고 이것은 그 시적 추구에서 17세기 영국의 '형이상학파' 시인들의 추구와 그 맥이 통한다는 사실도 우리가 알고 있는 바와 같다.
　여기에서 박진환 시인의 이러한 시적 추구가 우리 시의 현실적 상황과 어떠한 관계에 있는가 하는 점을 살필 필요가 있다. 현재의 우리 시는 한 마디로 지성이라는 영양소의 결핍 증세가 심한데, 또한 그것을 자각하고 있지도 못하다는 것이 나의 솔직한 판단이다.
　시에서 지성이 하는 구실은 일종의 조화 감각이라 할 수 있다. 시가 너무 한쪽에 치우치는 것을 막아주는 감시의 역할을 하는 것이 바로 지성이다. 그래서 시에서 지적 요소가 부족하면 시가 한쪽으로 치우치는 것을 막지 못한다. 시에서 눈물이 너무 많아진다거나, 지나치게 격정에 사로잡힌다거나 정서의 내용이 너무 가냘퍼진다거나, 또는 지나치게 괴기해진다거나 하는 현상이 모두 지성적 작용의 결핍에서 오는 증후라 할 수 있다.

　문예지 『조선문학』을 중심으로 하는 한 무리의 문인들이 문학에서 지성적 구실을 강조하고, 줄기차게 우리 문단에서의 이러한 허점을 보완하고자 한 문학적 공헌에 대한 평가에서 우리는 몰인식과 소극성을 벗어나지 못하고 있는 것이 아닌가 하는 것이 역시 나의 생각이다.

　이번에 발간된 『諷詩調』는 박진환 시인이 벌여온 시운동의 더욱 정제된 결정과도 같은 것이며, 이것을 일종의 '문학적 발명'이라 해야 마땅할 것이라는 생각이 든다.

　어느 시대에 있어서나 문학의 새로운 양식은 그것이 하나의 새로운 발명임을 의미한다. 그리고 진정한 의미에서의 '발명'이라면, 얼핏 보아 아무리 하찮게 보이는 것일지라도, 거기에는 발명자의 많은 시간과 피땀과 노고가 스며있음을 잊어서는 안 된다. 시에 있어서도 마찬가지다. 시의 새로운 체질과 양식과 장르의 발명이 실은 시인들의 끊임없이 노력하고 추구하는 목표이기도 한 것이다.

　'諷詩調'의 출현 역시 결코 하루아침에 이루어진 우발적인 출현이 아님은 말할 것도 없다. 지금까지 박진환 시인이 시도해온 많은 '3행시'와 '諷詩調'가 그 싹이 되어 피어왔음은 물론이다.

　『풍시조(諷詩調)』가 갖는 새로운 체질적 특색을 간단히 살펴보겠다. '諷詩調'가 우리 고유의 전통적 시가의 형식인 '시조(時調)'와 체질적 연관성이 있음은 물론이다. 諷詩調의 구성이 3행으로 돼 있는 점이 초중종 3장으로 돼 있는 시조와 일치한다는 것에서도 이 일을 알 수 있다. 원래 시조의 초중종 3장도 시조보다 더 뿌리 깊다 할 수 있는 동양 고유의 한시(漢詩)의 기승전결에서 나온 것임을 우리는 짐작할 수 있다. 4행 1연을 기본 단위로 하는 기승전결은 사실 동서고금의 모든 시적 감흥의 기본 틀이기도 하다. 다만 시조의 경우 종장에 해당하는 3장에서는 '전(轉)'과 '결(決)'이 한 행에 압축됨으로써 4행의 경우보다도 더욱 극적 효과와 시의 긴장감을 높여주고 있다.

이와 같이 諷詩調는 시조와 일맥상통하면서도 예술적 감흥을 겨냥하는 데에서는 시조(時調)와 사뭇 다르다. 곧 시조의 시의 뜻을 한자의 때시 '時'에서 글시 '詩'로 바꿔놓은 데서 그 겨냥하는 바를 짐작할 수 있다. 시조(時調)가 그 주제를 시대적 풍습에 맞추려는데 두고 있다면, 諷詩調에서는 시류(時流)를 넘어서는 작품으로서의 시적(詩的) 가치를 높이려는 의도가 숨어 있으며, 이런 점에서 '諷詩調'는 이른바 순수시(純粹詩)와도 그 방향을 같이 하게 된다.

'시조(詩調)', 곧 시의 흐름에 또 '풍(諷)' 자가 결합되어 있으니, 이것은 또 어떤 의도를 품고 있는 것일까. 여기에서 '풍(諷)'자는 박진환 시인이 시지의 '창간사'에서도 밝히고 있는 바와 같이 시에 넓은 의미의 풍자성(諷刺性)을 담으려는 의도와 다를 바가 없으니, 이 풍(諷)의 개념에는 시에서 전개할 수 있는 지적 작업 일반의 여러 항목이 두루 포함돼 있으며, 위트, 아이러니, 새타이어, 시니시즘(비꼬움) 등 표현상의 역설직 기법이 종횡으로 등장하게 된다.

그리고 이러한 풍자는 그것이 일종의 지적 응징의 구실을 하게 되는 것이며 이와 같은 응징의 숨은 의도는 바른 사회, 꼴불견인 시류적인 속물(俗物)들이 사라지는 사회, 양식이 통하는 밝은 사회의 출현을 바라보는 것이니, 깊은 뜻에서는 이 풍자의 정신이 곧 인도주의적 염원과도 일치한다는 점을 간과해서는 안 될 것이다.

『諷詩調』의 보기로서, 박진환 시인이 전, 현직 대통령을 소재로 풍자한 시를 보려 한다.

> 노랗게 노랗게 노자로 시작해서
> 나리나리 개나리 리자로 끝나면 무슨 나리게
> 개나리, 노노노 무식하긴 노나리지
> ―「개나리」

> 이명박 대통령 임기 끝나 퇴임하는 날이 2012년 12월 26일
> 이날에 맞춰 돌아가는 시계가 이명박 시계란다
> 시작이 엊그젠데 퇴임 날 꼽아가며 돌아가는 시계가 있다니
> ―「이명박 퇴임시계」

편과 시니시즘과 새타이어가 2중 3중으로 얽히고 꼬인, 고도로 지적인 시적 작업임을 알 수 있다. 이보다 더 따끔한 응징적 일침이 또 있겠나.

계간지 『諷詩調』는 이제 막 창간되었기 때문도 있겠지만, 아직 동인지의 성격을 완전히 벗지 못한 느낌도 없지 않아

있다. 앞으로 이런 점도 차츰 보완이 되리라 믿어지며, 이 시지가 잘 성장하여 응분의 구실을 하게 될 것을 나는 축원의 시선으로 바라본다. 그렇다 하더라도 일관성 있는 '지성시'에의 헌신과 노고가 정당한 평가를 받게 되는 날이 우리 시사(詩史)에서 언제 찾아올 것인가.

■ 시집 평설을 대신해서_諷詩調에 대한 사계의 견해

諷詩調의 깃발과 風向
– 새로운 시 운동에 대하여

김용직(전 학술원 회원)

극히 최근에 그 모습을 드러낸 諷詩調 운동에는 두 가지 정도의 전략이 내장되어 있는 듯 보인다. 그 하나가 독특한 형태양식 해석이며 다른 하나가 현실 상황을 향한 예각적 공격의식이다. 명백히 현대 서정시의 서부(西部)를 개척하려는 의욕으로 시도된 이 시운동은 그러나 그 형식을 3장 6구를 원형으로 한 단형시 제작을 바탕으로 하고 있다. 3장 6구의 단형시라면 우리 머리에는 곧 한국 전통시가 양식인 시조가 떠오른다. 시조는 국민문학파에 의한 개혁운동 이후 새로운 토대를 마련하게 되었다. 이때부터 시조는 고전시가의 인습적인 면을 벗어나 새 시대의 양식이 된 것이다. 諷詩調는 시조의 이런 틀을 이용하려는 듯 보인다.

諷詩調는 그 의식성향으로 보아 상당히 공격적이며 호전적이기까지 하다. 그 도마 위에는 정치, 경제, 사회, 문화의 문제만이 아니라 개인의 윤리, 도덕적인 사건까지가 가차 없이

올라 난도질당한다. 그런데 많은 경우 諷詩調의 비판, 공격은 예술적 의장을 거치지 않은 가운데 이루어진다. 諷詩調에서 풍(諷)은 수사론에서 풍자를 뜻할 것이며 고전문학의 감각을 곁들이게 되면 풍간(諷諫)과 같은 맥락에서 해석될 말이다. 풍자와 풍간에 역겨운 현실, 아니꼬운 대상을 꼬집고 공격하는 단면이 내포되어 있는 것은 사실이다. 그러나 그런 경우의 비판, 공격은 진술의 형태로 이루어지는 것이 아니라 비유의 형태를 취하는 것이 바람직하다.

풍자문학에서 직접적 언술(言述)이 아니라 간접적인 기법이 이용되는 까닭은 단순하다. 많은 경우 시인이 아니꼽게 생각하는 대상은 한 시대와 사회에서 강한 힘을 가진 개인이거나 집단과 그 부수 형태인 제도나 규범들이다. 그들을 진술의 차원에서 공격하는 경우 작품들은 즉각 압수, 폐기되고 그 제작들은 연행, 구속될 위험에 노출된다. 시와 예술이 노려야 할 것은 이런 자살 특공대식 자기표출이 아니다. 이런 감각이 생산해 낸 전략의 결과가 풍자로 해석되어야 하는 것이다.

諷詩調가 3장 형식을 취한 것에 대해서도 이와 거의 같은 이야기가 가능하다. 諷詩調가 3행시의 형태를 이용한 것은 3행시가 한국 전통 시가를 대표하는 것으로 판단된 결과일 것이다. 새로운 시가운동이 국민문학의 자리에 오른 양식의 특성을 이용하는 것은 슬기로운 일이다. 그러나 이 경우에도 우리는 창작활동에서 기본교의 하나를 기억하고 있어야 한다. 모든 창작활동에서 형태는 묵수될 것이 아니라 새롭게 해석, 개척되어 나가야 한다. 국민문학파의 전례가 가리키는 바와 같이 3장 6구의 시조가 갖는 큰 틀은 긍정적으로 계승될 수 있다. 그러나 그 틀 속에 새로운 시로서의 호흡과 맥박은 끊임없이 재창조되어야 한다.

  우리는 모처럼 시도되는 諷詩讚 운동이 한국 현대시의 높은 산맥이 되고 푸른 강줄기를 이루어나가기를 희망한다. 이런 소망이 다소간 비판적인 생각을 토로하게 된 셈이다.

■ 시집 평설을 대신해서_諷詩調에 대한 사계의 견해

박진환의 3행 '諷詩調'에 대하여

최원규(충남대 명예교수)

 최근 지속적으로 왕성하게 발표해온 박진환의 삼행시초 '諷詩調'야말로 괄목할만한 한국적 단형시다. 더구나 시대적 상황이 사회적으로 굵직한 이슈를 던져주었던 전번의 정치적 관심이 우리 모두를 끌어들이는 시기와 맞물렸기 때문이기도 하다. 이미 정권 교체에 따른 권력의 갈등에서 겪은 일이지만 대선과정에서 마지막까지 문제가 되었던 BBK 사건, FTA, 숭례문 복원, 대운하 찬반, 광우병 등으로 인한 촛불 시위 범람이 쓰나미처럼 휩쓸고 지나갔으며 아직도 그 여진이 계속되고 있다.
 이렇게 불안한 계절에 시인은 이들의 갈등과 부조리를 외면하고 추상적인 언어를 기반으로 하는 사회적 연대감에서 벗어나 강 건너 불구경만이 순수의 미덕인가. 마땅히 지식인으로 가치판단이나 문화적 선악에 동참, 선도의 언어가 필요해진 것이 너무 당연하다. 하물며 시는 시인끼리 담을 쌓고 그 속에 안주해 있는 모습에서 벗어나 시민과 동참 동행하는 시민의식이 필요하다.

이미 우리 시의 역사 속에서도 한용운, 이육사, 윤동주 그들의 평가에서 볼 수 있듯이 그들의 시에서 우리의 의지와 나라를 걱정하는 애국시가 용솟음치기도 하였다. 그런 점에서 이 시대 박진환의 諷詩讕야말로 우리 시단의 중요한 뇌관을 건드린 사건이라고 판단된다.

諷詩讕는 삼행이라는 점에서 시조와 같으나 구조나 형태적 특질이 시조의 틀을 벗어났을 뿐만 아니라 어귀나 비유법의 방법을 시조와 달리한다. 한편 화제가 되고 있는 시대적 상황을 직접적인 논의와 평가를 요구하며, 아이러니, 패러독스, 유머로 수용한다. 요컨대 박진환의 '諷詩讕'는 업투데이트한 시대적 사회시를 전제한다. 그러므로 그의 '諷詩讕'는 작중 인물들의 선행이나 악행의 전제를 제시하며 마지막 행에 이르러서는 개선이나 선과 악의 가치판단의 동참을 요구한다.

박진환의 '諷詩讕'는 악과 사의 교정을 위한 화해적 개선이라는 점에서 꼬집고, 비꼬고, 깎아내리고, 비아냥하고 비판, 고발, 폭로를 시의 바탕으로 삼되 마지막 의도는 '순수한 통징'을 감행함으로써 풍자시보다는 한 차원 높은 시적 장치를 갖추고 있다는 점에 주목한다.

박진환은 엄격하거나 거창한 테마를 희극적으로 처리하거나 재미와 멸시, 분노와 냉소의 태도를 환기시킴으로써 그것을 약화시키는 기법을 사용한다. '웃음을 무기로 사용하고 작품의 외부에 존재하는 과녁을 겨냥한다. 그 과녁은 개인적인 일일 수 있고, 어떤 계층이나 제도나 국가나 인류 전체에게까지 할 수 있다라고 전제한다.

요컨대 화자가 단정하는 외견상 주장과 속으로 의도하고 있는 의미가 서로 다른 진술을 할 때 그 진술은 태도나 평가를 명백히 표현하지만 그것과 매우 다른 태도나 평가를 함축하고 있는 것을 포함하는 것이 아이러니의 기술이라고 보았을 때 박진환의 '순수한 통징'을 암시한다. 발음이 같고 흡사하지만 의미는 전혀 다른 같은 소리에 다른 의미를 갖는 말들은 때로 읽는 이에게 가치판단의 격정적인 한편으로 기울게 하기보다 그것을 유보하며 역지사지(易地思之)의 공평성을 유발시키고 화해성을 유도한다.

박진환은 시적인 재담(equivoque)도 있고 때로 언어유희(pun)도 있지만, 그것들은 읽는 이로 하여금 간담이 서늘해지는 경지까지 유발한다. 때로는 '삶 속의 죽음'이나 '쾌락의 고통', '사랑의 증오'들처럼 메타피지컬포에트(Metaphysical poets)들이 사용한 흔적에 영향되었다고 할 수 있으나 박진환의 경우 경고성의 환기에 더 치중함을 볼 수 있다.

마침내 풍(諷), 시(詩), 조(調) 각개의 문자 의미의 내부를 탐색할 때 모두 언(言) 말씀이 들어있다. 말씀[言]은 글[文]과 구별된다. 글은 논리와 절제를 요구하지만 말[言]은 흘러가는 물과 같이 지형이나 지세에 따라 형태가 변하며 응집한다. 그러므로 흐름의 방향은 같지만 물줄기는 즉흥적이며 당대의 상황에 따라 전변한다.

말씀[言]은 바람[風]과 절[寺]과 두루함 주(周)를 더하여 동서남북, 종횡무진, 당대를 섭렵한다. 그리하여 박진환의 '諷詩調는 마침내 세상사의 이야깃거리의 중심부에서 주제할 수 있는 정세의 총화와 전환을 암시한다.

　박진환의 諷詩調가 꼭 3행이어야 하는가의 문제에 대하여 신중히 생각해야 한다. 다만 어느 민족이고 그 민족의 정서적 흡인력에 의하여 자연 발생적으로 생겨난 정형적 틀이 있어 왔다. 가령 당시(唐詩)의 4언 또는 7언 절시나 영시의 4행시(quatrain), 이행연귀(couplet), 14행시(sonnet) 모두 각운 구조로 결합된 강약음보격의 시행으로 되어 단일시귀(stanja)의 서정시인데 우리의 고유 문학형태의 시형(시조)들이 3장 6귀의 원칙을 고수한 것은 민족적인 고유성과 기풍(Ethos)에 의한 것이라고 믿는다. 다만 박진환의 경우 꼭 우리의 시조를 의식한 3행시는 아니지만(사실 시조와는 그 정형시로 의미구조의 잣대에 맞지 않음) 정형시로서 규율에 맞는 것이 아닌 자유시로서의 의미를 더욱 확대한다.

　외형상 3행시로 처리한 것은 압축과 긴장미의 효과를 살리며 음수율에서 체험할 수 없는 탄력을 보여준다.

　그리하여 3행시는 우리에게 낯익고 우리 말의 생태적 관습의 순리에 수용된다. 또한 시의 자연스런 형태의 공감이 일반화되었기에 박진환 삼행시가 우리 시단의 충격파를 더해 간다고 생각된다. 그의 3행 諷詩調의 창출은 우리 시문학사의 새로운 원형을 배가시킨 원동력이 될 것이며, 한편 시적 표현 미학에서 잡다한 외래적 수용의 난맥상을 제압하는 데 주요한 길잡이가 될 것이다.

박진환의 3행 '諷詩調'는 시조(時調)와 동자이의어(同字異義語)로 우리에게 새로운 정형성의 모델을 제시한다. 그러므로 우리 현대시가 지닌 무모한 율격이나 시적 주제의 미숙성 또는 혼미성을 극복하는 데 따른 주제시로서 확실한 언덕이 형성된 셈이다.

■ 시집 평설을 대신해서_諷詩調에 대한 사계의 견해

풍시조 읽기

문효치(전 문협 이사장)

  박진환 시인의 諷詩調를 읽었다 풍시조(諷詩調)라는 낯선 이름에 대하여 저자는 풍자시를 줄여 풍시라 하고 거기에 무슨무슨 투나 태도의 뜻으로 죠(쪼.調)를 붙였노라고 설명하고 있다. 그러니 諷詩調의 본질은 풍자시일 듯하다.
  우선 재미있다. 식상한 이미지들의 나열이나 아니면 거의 산문화 되어버린 요즘의 시들에 입맛을 잃었는데 이 諷詩調는 매우 신선한 재미를 느끼게 해 준다.
  세상은 부조리와 불합리와 부정 불의 등으로 가득 차 있다. 이러한 세태가 우리를 짜증나게 하고 화나게도 한다. 살맛을 잃게 한다. 정말 살맛을 잃게 하는 재미없는 제재를 박진환 시인은 재미있는 시로 만들고 있다.

  핵, 우리도 그깐거있어 펑펑터지는 국제특허품 不字標 핵 있어
        불평등·불공평·부조리·부정부패·부동산 투기까지

건들면 폭발하는 순 국산 不字標 핵 있다고, 까불고 있어
— 「까불고 있어」 전문

  불평등 불공평 부조리 부정부패 부동산 투기 등 우리사회에 만연한 부정적 요소들, 이것들은 가히 우리 사회를 파괴시킬 만한 위력을 가지고 있다. 정말 심각한 문제다. 이런 사항들을 '不字標핵'으로 둘러댄 그 재치가 재미있다. 그래서 이 시를 보면 일단 웃음이 난다, 진짜 핵을 '그깐거'라고 대수롭지 않은 존재로 봄으로써 '不字標 핵의 위험성을 한껏 고조시켜 놓았다. 내용은 매우 심각한 문제성을 가지고 있지만 표현된 말들은 우리를 재미있게 해 준다.

 '까불고 있어'라는 끝절은 상대방(진짜 핵을 가진 자)에게 눈을 흘기며 짐짓 어깨를 으쓱거리는 모습을 떠올리게 해 준다. 다소 장난기가 보이는 모습을 연상하면서 시인의 재치를 다시 한번 실감케 해 준다.

 이러한 부조리 불합리한 사태를 능란한 솜씨로 비꼬고 농락함으로써 독자들은 후련한 카타르시스를 느낀다. 내가 미처 하지 못한 앙갚음을 대신 갚아 주는 것 같기도 하고 어쩌면 내 심정을 잘 알아주는 것 같기도 하다.

 이 책은 멸시 분노 증오의 정서를, 비꼼 냉소 조소 조롱 역설 등의 언사로 가득 채워 놓았다. 그러나 궁극으로는 교정·교훈의 의지가 숨겨져 있다.

    뭐라구라우, 사람 낳고 돈 낳제 돈 낳고 사람 낳다구라우

> 허허 이 양반 순 구식이네
> 신식으론 돈 낳고 사람 낳제, 사람 낳고 돈 낳고가 아니여
> ―「뭐라구라우」 전문

 돈 낳고 사람 낳은 것은 불변의 진리이다. 그러나 신식으로는 돈 낳고 사람 낳았다고 큰소리친다. 그러나 이것은 역설이다. 화자가 진짜로 하고 싶은 말은 이른바 구식인 '사람 낳고 돈 낳다'는 말이다. 이것이 뒤집힌 세상, 전도된 가치에 대해서 일갈하고 꼬집은 것이다. 그리고 그에 대한 반성과 교정을 꿈꾸고 있는 것이다.

 삼행으로 압축한 단아한 모습의 시형에도 주목하고 싶다. 말 그대로 촌철살인의 짤막한 말이 감동을 준다. 요즈음 장황한 수다를 늘어놓는 시들이 범람하면서 이렇게 간결한 시들이 그리워진다.

> 나라님 물러나면 낙향하여 통나무집 짓고 시나 쓰며 살겠단 말
> 아무래도 허사같다. 시는 말을 아끼고 줄이는 언어경영인 것을
> 저리 말이 헤퍼서야 어찌 말의 진수에 닿을 수 있을지
> ―「아무래도 허사 같다」 전문

 듣기 좋은 수다로 대중들을 현혹하며 실천보다는 말을 앞세우는 정치인을 비꼬며 질타하고 있지만 한 편 짤막한 시론을 엿볼 수 있는 시다. 그렇다. 시는 '말을 아끼고 줄이는 언어경영'인 것이어서 '말이 헤퍼서'는 안 될 일이다.

삼행은 우리의 눈에 익숙하다. 어려서부터 시조를 읽고 배워왔기 때문이다. 물론 시조의 형식에 맞춰 음수율을 조절한 것은 아니지만 그 속에 기승전결의 구조를 가진 것들이 많은 것도 이해하기 쉬운 대목이다.

지금이 바로 이러한 시들이 필요한 시대인 것 같다. 잡지마다 넘쳐나고 있는 산문조 요설이 시성(詩性)을 잠식하고 있고, 그리고 비꼬고 조롱하고 비난하고 질타해야 될 일들이 많은 세상일수록 그러한 세태를 지적하고 경계하며 교정해야 하기 때문이다. 시가 궁극적으로는 인간을 위하고 옹호하는 것이라면 시가 이러한 일에도 적극 관심을 가져야 할 것으로 생각한다.

■ 시집 평설을 대신해서_諷詩調에 대한 사계의 견해

諷詩調에 나타난 형이상시의 수사법

최규철(시인 · 문학평론가)

들어가는 말

 어느 사회학자는 '농경사회의 삶이 시간 잉여(時間剩餘)의 시대였다면 오늘날과 같은 정보화 사회는 시간 기근(饑饉)의 시대라'했다. 그것은 그 정도로 오늘의 시대가 시간에 쫓기며 살아가는 고속화 시대를 맞이하고 있다는 것이다. 따라서 이러한 고속화 사회에 사는 현대인들의 문학작품에 대한 선호도 역시 장편소설보다는 단편소설을, 장시보다는 단시를 더 선호하는 경향이 있다. 특히 시에 있어서 현대인들의 구미에 맞는 시는 짧으면서도 그 속에 다분한 내용을 함축함으로써 큰 감동을 주는 시라 하겠다. 이런 시대적 요구에 부응하는 시가 바로 박진환 시인이 착안하고 시운동을 전개하고 있는 諷詩調이다.

 諷詩調의 기법은 형이상시의 레토릭(rhetoric)과 흡사한 면이 많다. 컨시트의 기발한 지적 놀라움, 서로 상반된 양극화의 결합과 그 조화, 역설과 반어(反語), 시의 순수한 통징을 통한 내적 울분의 해소와 사회 구조악(構造惡)의 개선 등이 바로 그것이다.

특히 3행시의 짧은 글 속에 함축된 내용과 그 여운을 담기 위해서는 압축적이고 생략적인 구문이 필요하다. 따라서 각 행의 전환 및 반전이 빠르게 전개되는 특색이 있다. 이것은 양극화의 긴장이 팽팽할수록 행과 행의 전환속도가 빠르고 생략과 압축의 미학이 더욱 살아난다.

필자는 그동안 지면을 통해서 3. 4회에 걸쳐 언급해온 諷詩調 시학에 대한 이론을 총괄하고 종합하여 주로 諷詩調의 형이상시적 유사성과 레토릭(rhetoric) 기법의 측면에서 접근해 보고자 한다.

1. 諷詩調의 순수한 통징

諷詩調는 일종의 풍자시의 성격을 띤 시라 하겠다. 풍자시의 사전적인 정의는 부정부패와 비리 현상과 모순 등을 다른 사물에 비유하여 폭로와 공격 일변도의 시를 말한다. 즉 풍자시라고 하는 한자가 풍자할 풍(諷) 찌를 자(刺)로 명시한 바와 같이 모든 죄악상을 어떤 사물로 빗대어 찔러 고통을 가하게 하는 일종의 보복성을 뜻하는 성격을 내포하고 있는 시가 대부분이다. 그러나 諷詩調에서 말하는 순수한 통징의 주된 목적은 諷詩調를 통해서 죄의 아픔을 느끼게 할 뿐만 아니라,

뉘우치고 돌이켜 새롭게 변화하게 하는 데 주력하는 시의 기능을 말한다. 다시 말하자면 죄의 부패성에 대해서 단순히 찌르고 고통을 가하게 하는 데 그치는 것이 아니라 메스를 가하고 수술을 함으로써 병을 낫게 하는 데 그 목적이 있음을 말한다.

그러나 여기서 주의 깊게 보아야 할 것은 수술을 가하되 고통을 없애게 하기 위해 마취제를 동시에 투여하는 방법을 취하고 있다는 사실이다. 즉 유머를 통해서 웃음을 주고 즐거움을 줌으로써 그 고언을 달게 받아들이고 소화시킬 수 있는 기능을 지녔다는 것이다. 諷詩調의 통징이야말로 우리의 뇌에서 일종의 모르핀이나 엔도르핀과 같은 호르몬을 분비하게 함으로써 무통수술을 하게 하고 오히려 미묘한 시적 희열을 주게 하는 절묘한 수술비법을 의미하고 있다. 諷詩調의 작가들은 이런 諷詩調의 순수한 통징의 특성을 숙지하고 이러한 순수한 통징의 기능을 살리는 데 노력해야 할 것이다. 諷詩調에서 이러한 순수한 통징이 살아있지 못한다면 그것은 諷詩調로서의 시적 역할을 다한 시라 볼 수가 없다. 諷詩調의 생명이 바로 여기에 있다 할 수 있기 때문이다.

참으로 諷詩調의 순수한 통징이야말로 오늘과 같은 종말론적인 징조를 토로하고 인류의 구원을 갈구하게 하는 시대적 사명의 성격을 띤 시라 하겠다. 현대사회는 갈수록 첨예한 양극화 조성으로 인한 양자구도의 대립상이 심화되고 있다. 오늘날 정치 경제 사회 문화 전반에 걸친 인류사회의 갈등과 분쟁이 바로 이런 극단적인 양극화 현상에서 오는 결과라 하겠다. 그렇다면 현대시가 어느 때까지 이를 외면하고 오히려 음풍농월(吟風弄月)만을 일삼아야 하겠는가. 시가 인생문제로 깊이 들어가서 이런 양극화 문제를 해소하고 하나로 융합하는 화해와 일치의 시학으로 발전해가야 할 것이 아닌가. 그러한 의미에서 諷詩讚 운동의 필연성이 강조된다.

더욱이 환경오염으로 인한 생태계의 훼손과 대기오염으로 인한 오존층의 파괴, 그리고 지구 온난화에서 발생하는 엘니뇨현상 등으로 인류의 생존 문제에 심각한 적신호가 켜있다. 이런 각박한 상황에서 탈출하기 위한 녹색시학 운동의 전면에 諷詩讚가 자리하고 있음을 알 수 있다.

시인은 예언자적인 예리한 눈을 가지고 미래사회의 변화를 직시하면서 오늘의 잘못된 과오를 지적 감동을 통해서 깨닫게 하는 순수한 통징에 무한한 관심을 쏟아야 한다.

> 세상이 왜 이러냐 유행병처럼 자살·자살·자살
> 마음 한 번 고쳐먹으면 살자·살자·살자가 되는데
> 뭐 그리 좋은 거라고 일편단심 자살이람
> — 박진환의 「뭐 그리 좋은 거라고」

한국인의 자살률이 OECD 30개 회원국 가운데 1위를 기록하는 불명예를 안고 있다. 연예계의 인기 스타들과 대기업의 총수들이 잇따라 자살을 하고 심지어 전직 대통령까지도 스스로 목숨을 끊음으로써 사회적 충격이 크다.

박진환 시인의 諷詩調「뭐 그리 좋은 거라고」는 1행의 자살·자살·자살이라고 하는 부정적인 죽음의 개념과, 2행의 '살자·살자·살자'라고 하는 긍정적인 생명의 개념을 양극구도로 서로 거꾸로 뒤집어 대치해 놓음으로써 기발한 위트와 유머를 돋보이게 한다. 이러한 諷詩調의 기능이야말로 격한 자살충동을 완화시켜 줄 뿐 아니라 생에 대한 강력한 의욕까지도 유발하게 하는 시적 감동을 가능케 한다. 여기서 諷詩調의 풍자 속에 담고 있는 간절한 회심에의 바람이 '마음 한번 고쳐먹으면'이란 말로 표현되고 있다. 이것이 바로 諷詩調가 지닌 순수한 통징의 힘이다.

> 피를 빨아 먹는 모기 잡는데 의견이 분분하다
> 정치가 어떻고 법이 어떻고 대통령이 어떻고
> 입으로 모기 잡나? F킬라를 뿌려야지
> — 박진환의「입으로 모기 잡나」

이 시는 그 제목부터가 웃음을 터트리게 하는 유머가 있어 마음을 끈다. 이 시 속에 감추어 있는 암시성과 시사성(示唆性)이 모기와 F킬라라고 하는 기발한 메타포를 통해서 큰 감동을 준다. 정계와 법조계의 부패상을 바로잡는, 즉 '피를 빨아 먹는 모기를 잡는데'에는 입으로 하는 설왕설래(說往說來)로써는 근절될 수 없다는 것이다. 특히 수사법 중에서 변화법의 하나인 '입으로 모기잡나?'라고 하는 설의법으로써 F킬라라고 하는 정답을 독자에게 물어 찾아내게 하는 레토릭으로써 스스로 개혁의지를 촉발하게 하는 순수한 통징이 돋보인다. 찌르고 자르고 쪼게는 메스질이 가해짐에도 불구하고 뇌에서 분비되는 모르핀을 통해서 즐거운 마음으로 웃고 수긍이 가능케 하는 회심과 변혁의 비법이 있다.

2. 諷詩調가 갖는 컨시트의 특색

 형이상시의 컨시트(奇想, conceit)는 형이상시의 특징 중에서 가장 중요한 특징의 하나라 할 수 있다. 외견상 전혀 유사성이 없거나 상반되고 양극화된 사물이나 상황들을 재치 있고 기발한 방법으로 결합하여 소위 사무엘 존슨(Samuel Johnson)이 언급한 '부조화의 조화'를 이루게 하는 비유적인 수사법을 말한다.
 그러나 諷詩調에서 보여주는 컨시트의 특색은 형이상시에서 말하는 그것과는 사뭇 다른 양태의 컨시트를 볼 수 있다. 3행시 구문의 생략적인 특성 때문에 행과 행, 낱말과 낱말, 심지어는 문자와 문자로부터 서로 상반된 사물이나 개념의 명칭과 발음 등을 찾아내고 거기서 특별한 의미성을 유추하여 또 다른 의미를 창출해내는 언어유희적인 기발한 컨시트를 선보이고 있다. 이런 관점에서 볼 때 諷詩調의 컨시트는 단순히 두 가지 사물이나 개념을 교묘하게 결합하여 뜻밖의 유사성을 찾는 기존의 형이상시의 컨시트와는 다른 특성을 지니고 있다고 하겠다.

> 대통령 국정평가 잘했다가 44.2% , 못했다가 41.1%
> 막상막하, 정치란 게 그래
> 上 뒤집으면 下 되고, 下 뒤집으면 上 되거든
>   — 박진환의「物神時代·216」

 국민이면 누구나 알게 모르게 다 정치에 젖어 살면서 나름대로의 정치철학, 내지 생활철학을 가지고 있다. 그래서 3행에서 '정치린게 그래'라 토로한다. 이런 지적 깨달음을 풍자적으로 소화시켜 표현하기란 그리 쉬운 일은 아니다. 이런 이유 때문에 민감한 사안을 받아들여 유머로 웃어넘길 수 있고, 감동 받아 깨달음을 갖게 하는 諷詩調의 기법에 주목할 수밖에 없다. 그래서 諷詩調가 지적이며 문화적인 통징을 가져오게 하는 첩경이라 여겨진다.

 이 시에서 놀라운 기지의 발산은 2~3행에 있다.'막상막하, 정치란게 그래 / 上 뒤집으면 下 되고, 下 뒤집으면 上 되거든'에서 '막상막하(莫上莫下)'의 上과 下의 문자를 세웠다 뒤집었다 하면서 요동치는 정치판의 불안정성을 꼬집는, 재기(才氣)가 번뜩이는 컨시트를 선보이고 있다. 여기서 다만 上·下라고 하는 양극성의 문자를 가지고 세웠다 뒤집었다 하면서 엉뚱하게 결합한 결론이 「정치란게 그래」로 귀결한다. 이렇게 諷詩調의 컨시트는 동떨어진 개념이나 이미지를 결합하는 데 그치는 것이 아니라, 서로 상반된 단순한 두 개의 문자로써 새로운 제3의 개념을 형성하게 한다. 이런 관점에서

諷詩調의 컨시트는 보다 다양하고 발전된 성격의 것이라 볼 수 있다.

> 박지성·박주영의 꼴은 오 코리아
> OECD국 중 환경평가 맨 꼴찌의 꼴은 어이쿠 코리아
> 둘 다 꼴은 꼴이다마는 뒤에 꼴은 노꼴만도 못해서
> — 박진환의「物神時代·191」

지금 지구촌은 환경오염으로 인해서 점차로 죽어가고 있는 실정인데 우리나라가 OECD국 중에서 환경평가 최하위라 한다. 이 시에서는 이런 실정을 풍자적으로 꼬집고 있는데, 1~2행에서는 축구의 '꼴인'과 환경평가의 '꼴찌'란 서로 유사성이 없는 언어들을 관련 지워 '오 코리아'와 '아이쿠 코리아'라는 서로 반대되는 개념의 언어로 대비시켰고, 3행에서는 꼴찌의 '꼴'을 '노꼴'이라는 상충·상반되는 개념과 연관시킴으로써 '둘다 꼴은 꼴이다마는 뒤엣 꼴은 노꼴만도 못해서'라는 순발력 있는 기지(wit)를 보여준다. 동시에 더 나가서는 축구의 '꼴'과 환경평가 꼴찌라는 '꼴'의 두 글자들을 교묘하게 결합한 諷詩調의 컨시트의 진수를 보여주고 있다.

3. 諷詩調의 양극화 기법

또 한 가지 諷詩調에서 가장 두드러지게 나타나는 특징 중의 하나가 양극화 현상이다. 그러기 때문에 諷詩調의 컨시트

는 동떨어지고 상반된 가장 먼 거리의 양극성을 폭력적으로 결합하는 과정이나 패러독스와 아이러니의 양면성에서 오는 강한 텐션이 諷詩調로 하여금 그만큼 응축된 의미의 비유가 되게 한다.

> 걸핏하면 여·야 율사들 발목잡느니, 발목잡히느니 해쌌는디
> 뿌리치고 혼자만 가려고 하니 그러지, 동행해봐, 왜 발목잡나
> 잡혀 부러지면 목발신세 못면해, 발목 거꾸로 해봐 목발이지
>   — 박진환의 「발목 거꾸로 하면 목발이지」의 전문

분쟁과 불화의 결과가 발목이 목발로 바뀌는 기발한 발상, 곧 생명체를 비생명체로 둔갑시키는 대담한 컨시트의 수사법이 놀라움을 준다. 그 외에도 여·야 율사들, 발목잡느니 발목잡히느니, 발목과 목발 등의 양극화가 이 諷詩調 전면에서 팽팽한 긴장을 조성시켜주고 있다, 거기다가 본래 여·야가 대치하는 정치구도, 그것만으로도 양극의 역학관계를 유지하는 긴장상태인데 여기에 분쟁과 충돌이 생기면 발목이 목발이 되는 더욱더 팽팽한 긴장관계를 촉발한다. 그래서 이 諷詩調는 웃기면서도 여·야가 정치적 협력관계를 잘 유지해야만 나라가 산다는 통징적인 메시지도 담고 있는 시이다.

> 악법·악법, 청문회, FTA로 여·야 붙어도 한판 크게 붙겠다
> 탓하지 말 것이 싸워야 국회답지 잠잠하면 그게 더 두려워
> 마찬가지야, 아이들도 싸움질하면서 크지 않던가

— 박진환의 「아이들도 싸우면서 커」

 이 諷詩調는 빈번히 일어나는 국회의원들의 성숙하지 못한 의결과정에서의 난투극을 한 마디로 꼬집은 시이다. 아이들이 싸우면서 커가듯이 국회의원들도 싸우면서 커가야만 하는가 하는 시인의 통탄이 곁들어있는 시이다. 가장 성숙해야 할 국회의원들과 가장 성숙하지 못한 나이인 어린이들의 양극현상을 동류부류로 간주하여 이질성 속의 유사성을 찾는 시인의 기지가 번쩍인다. 여기에는 양극간의 이질성이 유사성으로 바뀌는 과정에서 서로 잡아당기는 강력한 텐션도 드러나 있다. 「싸워야 국회답지」에서는 국회가 싸움판이 되어서야 되겠는가 하는 아이러니의 성격을 띤 레토릭도 있고 국회가 변화되기를 촉구하고 갈망하는 통징도 들어있다.

4. 諷詩調의 구조와 그 전환속도

 형이상시에서와 마찬가지로 諷詩調에서도 생략된 구문을 씀으로써 의미의 탄력과 밀도를 더하게 하고, 또한 집약적 표현으로써 시의 단축을 꾀하는 기법을 강조한다. 그 결과 시 전개과정에서 그 전환 속도가 빨라지기 마련이다. 그래서 시의 구조가 3행시로 되어 있고 따라서 행의 길이가 짧으면 짧을수록 생략적 효과가 살아나서 함축성이 있는 시가 된다.

 諷詩調는 평시조(平時調)와 같은 초장 중장 종장의 3행 형식의 구조이면서도 3장 6구 12음보의 정형시에 매이지 않은 자유시요, 동시에 평시조보다 더 빠르고 생동감이 있는 기승전결(起承轉結)의 전개가 있다. 따라서 諷詩調의 함축성과 텐션을 살리기 위해서는 될 수 있는 대로 행의 자수(字數)를 줄이고 생략하는 것이 좋다.

> 침묵이 金이라고? 순 구식
> 요즘 세상에선 말 잘해야 출세해
> 신식으론 침묵은 禁이야
> ― 박진환의 「침묵은 禁이야」

1행의 金이 3행에서는 禁으로 바뀐다. 1행에서 침묵은 金이란 말은 구식이요, 3행에서는 침묵이 禁이란 말로 바뀐 것이 신식이라는 것이다. '요즘 세상에선 말 잘해야 출세해'라는 새로운 진리(?)를 발견하고 시대와 더불어 급속히 변하는 처세술의 격세지감을 실토한 시라 하겠다. 또 이 시 속에는 침묵이 금(金)이었던 옛 시대가 참이요 말을 잘해야 출세한다는 현 시대가 잘못된 것이라는 시사성(示唆性)이 들어 있다. 諷詩調가 그 짧은 시로써 현시대의 많은 모순과 부조리를 다 압축하여 표현할 수 있는 것은 오로지 3행시 속에 짧은 행으로 모든 것을 소화시킬 수 있는 수용성(受容性)과 빠른 전환기능을 지탱할 수 있는 메커니즘에서 온 것이다.

> 銅臭에 코피터진 놈이

> 銅醉로 게워내는 주정
> 뭘 쳐다봐, 너나 나나 다를 것이 없는데
> ― 박진환의 「物神時代·68」

 이 시는 銅臭와 銅醉를 병치하고 3행에서 '뭘 쳐다봐, 너나 나나 다를 것이 없는데'로 동류화(同類化)시킨 해학적인 기법이 눈을 끈다. 銅臭란 말의 뜻은 돈으로 출세를 하려고 하거나 모든 것을 해결해 보려고 하는 물신주의자들을 낮잡아 하는 말인데 오늘날은 술로써 출세를 하려고 하거나 모든 문제를 해결하려고 하는 銅醉도 많다는 것이다. 銅臭와 銅醉의 내용이 담고 있는 절묘한 조화가 압축되어 이 짧은 諷詩調 한 편을 창구로 하여 오늘의 모든 시대상을 한 눈으로 볼 수 있다.
 그러나 풍조시에서 행의 자수를 줄이고 표현의 생략적인 효과를 극대화하려는 경제적인 언어구사는 아무나 할 수 있는 것이 아니다. 허다한 諷詩調에서 발견할 수 있는 것은 행이 짧으면 그 표현과 의미성도 부실한 경우가 많다는 것이다. 따라서 諷詩調는 자수(字數)를 최소화하면서도 그 함축성을 최대화할 수 있는 기법이야말로 바로 諷詩調의 완성도를 높이는 첩경임을 알게 된다.

맺는 말

 이상과 같이 諷詩調에서 보이는 수사법상의 기법이 형이상시의 그것과 유사한 점이 많다는 것을 알 수 있다. 그러나 그 구조적인 측면에서 볼 때 형이상시보다는 시가 짧고 컨시트도 형이상시보다는 언어유희의 측면에서 독특하고 문자유희의 면에서도 독보적인 경지를 보이고 있는 시라는 것이다. 諷詩調의 대부분이 명확한 양극화 구조로 되어 있고 상반되고 동떨어진 개념이나 사물을 결합하여 부조화의 조화를 이루고 있다. 또한 3행시의 짧은 시로서 생략적이고 압축적인 기법을 통해서 고도의 밀도감을 조성하기 위해 언어와 언어, 행과 행을 교합하여 전개되는 전환속도가 유달리 빠른 것도 그 특징 중의 하나라 하겠다. 이런 시의 특징 때문에 앞으로 諷詩調가 우리나라 문학의 한 장르를 이루고 발전하여 보다 큰 문학성을 발휘하는 날을 기대하여 마지않는다.

조선문학사시인선 1009

諷詩調詩集 · 496

풍간시초 · 12

2025년 11월 1일 인쇄
2025년 11월 10일 발행

지은이 / 박진환
발행인 / 박진환
펴낸곳 / 조선문학사
등록번호 / 1-2733
주소 / 03730 서울 서대문구 통일로 389(홍제동)
전화 / 02-730-2255
팩스 / 02-723-9373
E-mail / chosunmh2@daum.net

ISBN 979-11-6354-388-6

정가 10,000원

※ 인지는 저자와 합의 하에 생략
※ 잘못된 책은 서점에서 교환해 드립니다.